Cambodia

Anita Drobeck & Nico Rademacher **Cambodia**

EDITION**PANORAMA**BIBLIOTHEK

Kambodscha

Iris Lemanczyk

Der Tag erwacht früh in Kambodscha. Noch vor den ersten Sonnenstrahlen dampfen die Nudelsuppen in den mobilen Garküchen, die ersten Portionen Reis sind schon verkauft. Angetrieben durch ein Schnalzen des Reisbauern waten die schwerfälligen Wasserbüffel bereits durch die bewässerten Felder, ziehen geduldig den Pflug, während weiße Reiher auf ihrem Rücken Insekten picken. Die Cyclo- und Moped-Taxifahrer in Phnom Penh halten gähnend nach Kunden Ausschau. Am Strand von Sihanoukville stellen emsige Hände die Liegestühle in Reih' und Glied. Im Mekong gleiten Flussdelfine durchs Wasser. Mönche vom Kloster Wat Nakor ziehen mit ihrer Reisschale von Haus zu Haus und bitten um Essen, während eine Frau mit einem Reisigbesen die Blätter vor dem Tempel zusammenkehrt. Schon in der ersten, noch zarten Morgendämmerung zeichnen sich die Türme von Angkor Wat in majestätischer Erhabenheit ab. Langsam, ganz langsam erhebt sich die Sonne, erhellt eines der größten sakralen Bauwerke der Erde. Angkor Wat erwacht. Bei diesem Erwachen wollen tagtäglich Hunderte Besucher Zeugen sein. Kameras surren, Fotoapparate klicken. Fast lautlos gleiten dagegen die Fischerboote über den Tonle Sap, den größten See des Landes, den größten See Südostasiens.

Ein See, der wächst und schrumpft, denn Monsun und Wasser bestimmen den Rhythmus. Über eine kurze Strecke fließen Mekong und der Tonle-Sap-Fluss im selben Bett. Während der Regenzeit schwillt der Mekong so stark an, dass sich die Wassermassen durch den kleineren Tonle-Sap-Fluss in den mehr als hundert Kilometer entfernt gelegenen Tonle-Sap-See ergießen. Dadurch wechselt nicht nur der Fluss seine Fließrichtung, sondern der See wächst gewaltig auf das bis zu Siebenfache. Eine riesige, gleißende Wasserfläche. Die Felder werden überflutet, nur Baumwipfel und die Pfahlbauten der Bauern und Fischer ragen dann aus dem Wasser, fruchtbarer Schlamm wird abgelagert. Am Ende der Regenzeit, wenn die Wolken verschwinden und sich die Fluten des Mekong verringern, warten die Kambodschaner darauf, dass der Tonle Sap wieder in die richtige Richtung fließt. Jeden Tag gehen sie zum Fluss, treffen Vorbereitungen für die Drachenboot-Rennen zu „Bonn Om Tuk", dem farbenprächtigen Fest der Wasserwende.

Der wechselnde Wasserstand macht erfinderisch: Die Leute am See leben in schwimmenden Dörfern, die mit der wechselnden Uferlinie mitziehen. Bunte Holzhäuser oder einfache Bambushütten schwimmen – aneinander gekettet – auf Flößen. Nur mit Booten bewegt man sich durchs Dorf. Eine junge Frau mit kariertem Kopftuch rudert von

Haus zu Haus und preist Blusen und Sarongs an. Eine andere verkauft Karotten, Tomaten, Blumenkohl und Lauchzwiebeln. Wer kein Geld für ein Boot hat, paddelt auf Styropor-Kartons. Nur die Schule schwimmt nicht, sie steht auf zehn Meter hohen Stelzen.

Auf den überfluteten Feldern des flachen kambodschanischen Beckens reiht sich Reisfeld an Reisfeld. Helle, saftige Grüntöne. Reis ist Hauptnahrungsmittel in Kambodscha. Morgens. Mittags. Abends. Die Alten in den Dörfern nennen den Reis ehrfürchtig „preah me“ – göttliche Mutter. Ungefähr 70 Prozent der Arbeitskräfte auf dem Land sind Reisbauern.

„Reis macht man mit Wasser, Krieg macht man mit Reis.“ Wer die riesigen Wasserreservoire in der Region um Angkor sieht, wird sich an diese Weisheit erinnern. Ein auf Wasser gebautes Imperium. In Angkor mussten viele Menschen ernährt werden. Eingebettet zwischen fruchtbaren Reisfeldern, archaisch anmutenden Dörfern und unzugänglichem Urwald ragen die monumentalen Bauwerke aus dem tropischen Grün. Sie wurden zwischen dem 9. und dem 13. Jahrhundert erbaut, Relikte einer Hochkultur, in der es Megastädte mit bis zu einer Million Einwohnern gab. Angkor heißt Stadt. Der Gründer von Angkor war König Jayavarman II., ihm gelang es, das Konglomerat der vielen kleinen Khmer-Dynastien zu einen und sich selbst zum Herrscher zu küren. Ihm folgten eine Reihe mächtiger Könige, jeder von ihnen ließ einen neuen Tempel erbauen. Angkors Tempelstätten sind über ein Gebiet von Hunderten von Quadratkilometern verstreut und so unterschiedlich wie seine Herrscher. Unter König Suryavarman II. entstand Angkor Wat, der Tempel der Tempel. Reine Harmonie. Perfekte Symmetrie. In Stein gehauene Ewigkeit. Alles in Angkor Wat geht ins Überdimensionale: Eine gepflasterte, 15 Meter breite Dammstraße führt über den Graben zum westlichen Eingang. Die Balustrade bildet den Körper einer Schlange, deren vielköpfiges Haupt sich bis zu vier Meter hoch reckt. Die seitlichen Tore sind groß genug, um Elefanten Durchgang zu gewähren. Im Zentrum steht der markante Tempel mit fünf Türmen bis zu 65 Meter hoch, aufbrechenden Lotosknospen gleich. Der Blick ist gefangen von den grandiosen Türmen, die sich jetzt dunkel von den Rosa- bis Orangetönen des Morgenhimmels abheben. In Gedanken verneigt man sich vor der Vorstellungskraft der Baumeister, die dieses Meisterwerk der Khmer-Architektur schufen. Erst beim Näherkommen wird die Feinheit der Anlage ersichtlich, denn jeder Winkel, jede Spalte enthüllt detailliert gestaltete Reliefs: Götter und Dämonen, steinerne Blüten, Ranken und Blätter, stilisierte Lotosblüten und Schlangen. Die längsten zusammenhängenden Flachreliefs der Welt. Das Auge der Besucher wird in Angkor Wat immer wieder von den Apsaras gefesselt. Tempeltänzerinnen mit ihren aufgetürmten Frisuren und prächtigen Kronen, blanken Brüsten, mit Ketten, Ringen und Armbändern und mit ihren Bewegungen, die selbst in Stein gehauen filigran und grazil wirken. Steinerne Verführerinnen. Ihre lieblichen Züge umspielt ein geheimnisvolles Lächeln, das Lächeln von Angkor. An Mädchen mangelte es den Herrschern nie: Zum Geburtstag schickten die Provinzfürsten stets die schönsten Mädchen und talentiertesten Tänzerinnen. Nachdem der Apsara-Tanz unter dem Terrorregime der Roten Khmer verboten war, lernen ihn heute wieder viele kambodschanische Mädchen. Die Schritte achtsam, die Körper aufrecht, sich in beinahe bizarre Haltungen dehnend, geschmeidige Bewegungen, nymphengleich. Die Ausbildung an den wenigen Schulen ist hart, und nur die Allerbesten bestehen sie. Rund 1500 Gesten und Fingerhaltungen von unvorstellbarer Beweglichkeit müssen die Tänzerinnen zur Abschlussprüfung beherrschen.

In Angkor Wat hat die hoch stehende Sonne alle Schatten vertrieben. Schatten spenden jetzt die Bäume am Tempel Ta Prohm. Dschungeltempel. Affen kreischen. Zikaden konzertieren. Wurzeln schlängeln sich über das Gestein. Gewaltige Wurzeln, die Wände umklammern, Torbauten umrahmen, Steinblöcke auseinander brechen. Mächtige Bäume, die auf den Terrassen, Galerien und Mauern von Ta Prohm wachsen. Das Mauerwerk scheint sich unter der Last der mächtigen Bäume zu biegen, scheint zu ächzen, zu leiden. Die weit in den Himmel ragenden Bäume und ihr gewaltiges Wurzelwerk haben Besitz ergriffen von Ta Prohm. Ein Zusammenspiel von Kultur und Natur. Angkor ist Wahrzeichen und Stolz des Landes.

Mopeds, überall Mopeds, Abertausende müssen auf den Straßen Phnom Penhs unterwegs sein. Unentwegt. Da es in der Hauptstadt weder Bus noch Bahn gibt, dienen Mopeds und Cyclos – Fahrradrikschas – als öffentliche Transportmittel. Mittelpunkt der Stadt ist Sisowath-Quay, die Promenade am Flussufer des Tonle Sap. Bars, Restaurants, Cafés, Shops und angesagte Clubs. Phnom Penh scheint nach Vergnügungen zu lechzen. Nicht weit entfernt liegt der Königspalast. Der langjährige König Norodom Sihanuk hat den Thronsaal diverse Male für Krönungszeremonien gebraucht, hat er doch immer wieder abgedankt, um sich bei günstiger politischer Gelegenheit erneut als Monarch einsetzen zu lassen.

Gleich neben dem Palast ist das dunkelrote, im traditionellen Khmer-Stil erbaute Gebäude des Nationalmuseums. Dem Museum wurde wie der ganzen Stadt sehr zugesetzt. Als 1975 Pol Pot mit den Roten Khmer sein Terrorregime errichtete, mussten alle Bewohner die Hauptstadt verlassen. Für drei, vier Tage hieß es. Doch die Schreckensherrschaft dauerte drei Jahre, acht Monate und 20 Tage. So lange blieben Phnom Penh und auch alle anderen Städte des Landes Geisterstädte. Pol Pot wollte einen Bauernstaat, alle Städter mussten aufs Land und dort versuchen zu überleben. Viele kamen jämmerlich um oder wurden von den Roten Khmer abgeschlachtet. Mehr als 1,5 Millionen Menschen fanden so den Tod.

Als das Grauen 1979 ein Ende hatte und die Überlebenden wieder in ihre Städte zurückkehren konnten, fanden sie nicht nur das Nationalmuseum geplündert und den Direktor ermordet, die wild wuchernde Natur hatte sich der ganzen Stadt bemächtigt.

Vergessen sind die Zeiten nicht, aber vorbei. Als Mahnmal dient heute Toul Sleng, eine ehemalige Schule, die von den Roten Khmer zum Folterzentrum des Landes ausgebaut worden war. Es fällt schwer zu begreifen, dass an diesem friedlich wirkenden Ort mit dem Duft der Frangipaniblüten grausamste Folter stattfand. Von den 18 000 Insassen – Männer, Frauen, Kinder – überlebten nur sieben. Die Gefangenen waren in winzige Zellen gepfercht. Gemälde von Folterszenen hängen an den Wänden. Es gibt Fotos und Akten von allen Opfern. Bürokratisch akribische Bestialität. Anfangs war das Gefängnis nur für Offiziere, Intellektuelle und Mönche gedacht, später konnte es jeden erwischen. Beispielsweise ein kleines Mädchen, das fröhlich ein Lied gesungen hatte. Leider wusste es nicht, dass dieses Lied von den Roten-Khmer verboten war.

Toul Sleng ist schwer auszuhalten, gehört aber zu Kambodscha, wie die Killing Fields, die Hinrichtungsstätte mit den Massengräbern vor den Toren der Stadt. Aber auch wie „sourir khmer", jenes freundliche Lächeln der Kambodschaner, das auf scheue Weise den anderen grüßt. Oder wie die buddhistischen Mönche in ihren safrangelben oder roten Kutten. Für einige Zeit im Kloster zu leben, sei es zwei Wochen, zwei Monate oder zwei Jahre, ist in Kambodscha so normal wie der einsetzende Monsun. Meditieren, beten, studieren der buddhistischen Schriften und die Ordensregeln befolgen. Dazu gehört beispielsweise, dass nur von Sonnenaufgang bis zur Mittagszeit gegessen werden darf. Zuvor gehen die Mönche um Essen bittend von Haus zu Haus. Durch einen Klosteraufenthalt sammelt man gutes Karma, gilt als besserer Mensch, als guter Buddhist.

Mit den letzten Sonnenstrahlen kehren die Bauern von den Reisfeldern nach Hause. Die Hitze des Tages geht über in angenehme Wärme. Im Kiosk umschwirren Mücken das grelle Licht aus Neonröhren. Immer noch dampfen Nudelsuppen und Reis in den Garküchen. Die Fischer auf dem Mekong und dem Tonle Sap kontrollieren noch einmal ihre Reusen. Langsam verblassen die Turmspitzen von Angkor Wat, die gerade noch golden vom Licht der untergehenden Sonne angestrahlt wurden. Ruhe kehrt ein in einem der vollkommensten Bauten, die die menschliche Schaffenskraft je hervorbrachte. In Angkor Wat. Ruhe kehrt ein auf dem Land, doch in den Restaurants und Clubs am Sisowath Quay beginnt das Nachtleben zu pulsieren.

Cambodia

Iris Lemanczyk

The day starts early in Cambodia. Before the first rays of the sun, the noodle soup is already steaming in the mobile food stalls, the first portions of rice have already been sold. Driven by the goad of the rice-farmer, the ponderous water buffaloes are already wading through the paddy-fields, patiently pulling the plough, while white cattle egrets pick insects from their back. The cycle and moped taxi-drivers in Phnom Penh yawn as they keep an eye out for customers. On the beach at Sihanoukville, busy hands set out row upon row of sun-loungers. River dolphins gracefully part the waters of the Mekong. Monks from the Wat Nakor Cloister pass from house to house with their rice-bowl, asking for food, while a woman with a besom sweeps up the fallen leaves in front of the temple. Even in the first delicate dawn light, the towers of Angkor Wat stand out in majestic grandeur. Slowly, very slowly, the sun rises, casting its light on one of the largest sacred buildings on Earth. Angkor Wat awakes. Hundreds of visitors every day come to witness this awakening. Cameras whirr and click, while almost silently, the fishing boats glide over the Tonle Sap, the largest lake in the country, and in the whole of south-east Asia.

A lake that expands and contracts, its rhythm determined by monsoon rains and water levels. For a short stretch, the Mekong and the Tonle Sap river flow in the same bed. During the rainy season, the Mekong swells so much in size that the masses of water pour through the smaller Tonle Sap river into the lake of the same name, more than a hundred kilometres away. Not only does this reverse the flow direction of the river: the lake expands up to seven times its former area. A huge, glistening body of water. The fields are inundated, leaving only tree-tops and the lake dwellings of the farmers and fishermen still above water, constructed as they are on piles, while the waters refresh the fields with fertile mud. At the end of the rainy season, when the clouds disappear and the floodwaters of the Mekong recede, the Cambodians wait until the Tonle Sap again flows in the right direction. Every day they go to the river, making preparations for the dragon-boat races held during "Bonn Om Tuk", the colourful festival held to mark the turning of the waters.

The changing water level has made people inventive: the lake-dwellers live in floating villages which move to and fro with the changing shoreline. The brightly coloured wooden houses or simple bamboo huts float, chained together, on rafts. Passage through the village is only possible by boat. A young woman with a chequered headscarf paddles from house to house, selling blouses and sarongs. Another sells carrots, tomatoes, cauliflower and spring onions. Anyone who has no money for a boat paddles around on styropor boxes. The only building which does not float is the school, which stands on 10 metre-tall stilts.

The flooded fields of the flat Cambodian basin are covered by row after row of paddy-fields. Bright, lush green tones. Rice is the staple diet of Cambodia. Morning. Noon. Evening. The old folk of the villages reverently call rice "preah me" – heavenly mother. About 70% of the rural labour force are rice-farmers.

"Rice is made with water, war is made with rice." Anyone seeing the vast water reservoirs in the region around Angkor will remember this proverb. An empire built on water. There were once many mouths to be fed in Angkor. Ensconced between fertile rice-paddies, ancient-looking villages and impenetrable, primeval jungle, the monumental structures rise up from the tropical vegetation. They were built between the 9th and 13th Centuries, now the relics of an advanced culture that boasted mega-cities with populations up to a million inhabitants. Angkor means city. The founder of Angkor was King Jayavarman II, who succeeded in uniting the plethora of many minor Khmer dynasties, and having himself chosen as the overall ruler. He was followed by a succession of powerful kings, each of which had a new temple built. Angkor's temple sites are spread out over an area of hundreds of square kilometres, each one as different as their rulers. King Suryavarman II laid the foundations of Angkor Wat, the Temple of Temples. Pure harmony. Perfect symmetry. Eternity hewn in stone. Everything in Angkor Wat looks larger than life: a paved, 15 metre-wide causeway runs over the moat to the western entrance. The balustrade forms the body of a snake, whose many heads reach up to four metres in height. The side gates are large enough to allow passage to elephants. In the centre stands the amazing temple, with five towers up to 65 metres high, like huge lotus buds ready to open. The gaze is caught and held by the magnificent towers, which now stand out darkly against the pink and orange tones of the dawn sky. People bow in contemplation before the imagination of the master-builders who created this masterpiece of Khmer architecture. Only when approaching closer does one perceive the finer detail of the complex, where every nook and cranny reveals meticulously designed reliefs: Gods and demons, blossoms of stone, vines and leaves, stylised lotus blossoms and snakes. The longest continuous flat reliefs in the world. The eye of the visitor is enslaved again and again in Angkor Wat by the Apsaras. Temple dancers with their towering coiffures and splendid crowns, bare-breasted, adorned with chains, rings and bracelets, and by their movements, which look delicate and graceful even when carved in stone. Stone seductresses. A mysterious smile plays around their enchanting features, the smile of Angkor. The rulers never lacked female company: on their birthday, the lesser princes always presented them with the most beautiful young girls, and the most talented dancers.

The Apsara dance was forbidden under the terror regime of the Khmer Rouge, although it is now being learnt again by many Cambodian girls. The steps careful, the body upright, stretching into almost bizarre attitudes, silky movements, nymph-like. The training at the few schools is hard, and only the very best make the grade. For the final examination, the dancers must master around 1,500 gestures and finger positions of unimaginable agility.

In Angkor Wat, the overhead sun has driven away all shadows. Shade is now provided by the trees of the Ta Prohm Temple. A jungle temple. The calls of monkeys are accompanied by a string section of cicadas. Roots writhe over the stones like snakes. Mighty roots, which clutch the walls, frame the gates, and tear stone blocks apart. Mighty trees which grow on the terraces, galleries and walls of Ta Prohm. The masonry seems to bend under the weight of these ancient forest denizens, seems to groan, to suffer. The trees ranging high up into the sky and their powerful roots have taken over possession of Ta Prohm. A cooperation between culture and nature. Angkor is the trademark and pride of the country.

Mopeds, everywhere mopeds, there must be thousands and thousands of them on the streets of Phnom Penh at every hour of the day and night. Since the capital has neither buses nor trams, mopeds and cyclos – bicycle-powered rickshaws serve as the only means of public transport. The central point of the city is Sisowath Quay, the promenade on the riverbank of the Tonle Sap. Bars, restaurants, cafés, shops and fashionable clubs. Phnom Penh seems to long for pleasure pursuits. Not far away stands the Royal Palace. Long-serving King Norodom Sihanuk has used the throne-room many times for coronation ceremonies, although he has repeatedly abdicated in order to have himself crowned again under more favourable political circumstances.

Close by the Palace stands the dark-red edifice of the National Museum, constructed in the traditional Khmer style. The Museum has suffered greatly, like the whole city. When Pol Pot established his terror regime in 1975 with the Khmer Rouge, all the inhabitants had to leave the capital. For three or four days, as people were told. But the reign of terror lasted for three years, eight months and 20 days. During this time, Phnom Penh and all other cities of the country remained ghost-towns. Pol Pot wanted to create an agrarian, peasant state, and all city-dwellers had to move to the countryside and attempt to survive there. Many died terrible deaths, or were slaughtered by the Khmer Rouge. The final death toll amounted to over 1.5 million people.

When the horror came to and end in 1979, and the survivors were able to return to their towns and cities, they found not only the National Museum plundered and the Director murdered, but that unfettered nature had taken over the whole city.

Those times are now past, but not forgotten. Toul Sleng, a former school, which was converted by the Khmer Rouge into the torture centre of the country, today remains as a monument to the times. It is difficult to comprehend that in this peaceful place, swathed in the scent of frangipani blossom, the most terrible torture was perpetrated. Of the 18,000 inmates – men, women and children – only seven survived. The prisoners were incarcerated in tiny cells. Pictures of torture scenes hung from the walls. Photos and files were kept on all the victims. Bureaucratically meticulous bestiality. Initially the prison was intended only for officers, intellectuals and monks, but later it accommodated anyone. For example a little girl who had happily sung a

song. Unfortunately, she was unaware that this song had been forbidden by the Khmer Rouge.
Toul Sleng is difficult to bear, but is just as much a part of Cambodia as the "killing fields", the execution sites containing mass graves before the gates of the city. But also like the "sourir khmer" – the "khmer smile", the friendly smile of the Cambodians which modestly greets the stranger. Or like the Buddhist monks in their saffron-yellow or red cowls. Living for a time in the Cloister is as normal as the coming monsoon in Cambodia, whether for two weeks, two months or two years. Meditating, praying, studying the Buddhist scripts and following the rules of the Order. This includes for example that food may only be taken from dawn to midday. Before this, the monks go from house to house asking for food. A stay in the Cloister earns good karma, making one a better person and a good Buddhist.
As the last rays of the sun lengthen the shadows over the paddy-fields, the farmers make their way home. The heat of the day recedes to a pleasant warmth. In the kiosk, flies swarm around the garish light of neon lamps. Noodle soup and rice is still steaming in the food stalls. The fishermen on the Mekong and the Tonle Sap check their fish-traps once again. Slowly the spires of Angkor Wat pale into darkness, illuminated in the last golden rays of the setting sun. Peace returns to one of the most perfect buildings ever raised by human hand. In Angkor Wat. Peace and quiet return to the countryside, while the nightlife begins to pulsate in the restaurants and clubs on the Sisowath Quay.

Cambodge

Iris Lemanczyk

Le jour se lève tôt au Cambodge. Le soleil n'a pas encore fait son apparition que le potage aux vermicelles mijote déjà dans les cuisines ambulantes et que les premières portions de riz sont déjà vendues. Invectivés par les claquements de langue du paysan, les buffles d'eau lourdauds pataugent à travers les rizières irriguées, tirant patiemment une charrue tandis que des hérons blancs picorent des insectes sur leur croupe. Les chauffeurs de taxi à vélo et en mobylette guettent en baillant d'éventuels clients dans la ville de Phnom Penh. Sur la plage de Sihanoukville, des mains affairées alignent des chaises-longues les unes à côté des autres. Des dauphins fluviatiles filent en glissant dans les eaux du Mékong. Des moines du monastère de Wat Nokor font du porte à porte avec leur bol de riz et quêtent leur pitance tandis qu'une femme balaye les feuilles devant le temple avec un balai de brindilles. Dans la douce lumière du jour naissant, on distingue déjà les tours majestueuses et élégantes d'Angkor Vat. Lentement, très lentement, le soleil se lève, éclairant l'un des plus grands monuments sacrés du monde. Angkor Vat sort de son sommeil, ils sont des centaines à vouloir assister tous les jours à son réveil. Le bourdonnement des caméras se mêle au son des clics des appareils photos tandis que les pirogues de pêcheurs glissent presque silencieusement sur le Tonlé Sap, le plus grand lac du pays, le plus grand de l'Asie du Sud-Est.

Un lac dont la taille varie régulièrement au gré de la mousson et du niveau de l'eau. Le Mékong et la rivière Tonlé Sap se partagent provisoirement le même lit. Durant la saison des pluies, le Mékong se gonfle et rejoint, le niveau de l'eau augmentant rapidement, le cours, plus petit, du Tonlé Sap avant de se déverser dans le Lac Tonlé Sap, situé à plus d'une centaine de kilomètres de là. Ainsi, non seulement le courant de la rivière s'inverse mais la taille du lac est multipliée par sept ! Un immense et scintillant plan d'eau. Les champs sont inondés, seule la cime des arbres et les constructions sur pilotis des paysans et des pêcheurs jaillissent encore de l'eau, des boues fertiles se déposent sur les berges. Lorsque les pluies diminuent, que les nuages disparaissent et les flots du Mékong s'apaisent, les Cambodgiens attendent que la rivière Tonlé Sap s'inverse à nouveau. Ils descendent tous les jours sur ses rives et font des préparatifs pour la course de pirogues qui a lieu à l'occasion de la «Bonn Om Tuk», fête des eaux haute en couleur qui célèbre le renversement du cours de la rivière.

Le niveau changeant de la rivière rend les gens ingénieux : les riverains vivent dans des villages flottants qui suivent l'humeur et les mouvements de la berge. Des maisons en bois multicolores ou de simples cabanes de bambou flottent enchaînées les unes aux autres sur des radeaux. Le bateau est le seul moyen de locomotion dans ces villages. Une jeune femme coiffée d'un foulard à carreaux pagaye d'une maison à l'autre en vantant les mérites de ses blouses et sarongs. Une autre vend des carottes, des tomates, des choux-fleurs et des échalions. Tous ceux qui n'ont pas suffisamment d'argent pour s'offrir un bateau se déplacent en pagayant sur des cartons en polystyrène. Le seul bâtiment qui ne flotte pas, c'est l'école qui a été édifiée sur des échasses de dix mètres de haut.

Dans les champs inondés de la plaine cambodgienne, les rizières s'alignent les unes à côté des autres, teintant le paysage de vert clair et de vert foncé. Le riz est la principale ressource de nourriture des habitants du Cambodge. Matin, midi et soir. Les anciens dans les villages appellent respectueusement le riz «preah me» mère divine. Environ 70 % de la main d'œuvre dans les campagnes travaille dans les rizières.

«On fait le riz avec de l'eau, la guerre avec du riz.» Une sagesse à laquelle on pense indubitablement à la vue des immenses citernes remplies d'eau dans la région autour d'Angkor. Un empire construit sur l'eau. Il fallait nourrir une population nombreuse à Angkor. Entre des rizières fertiles, des villages semblant venir d'un autre âge et une forêt vierge impénétrable, ces incroyables monuments surgissent de la verdure tropicale. Édifiés entre le 9ème et le 13ème s., ces vestiges sont autant de témoignages d'une civilisation très développée dans laquelle il existait de grandes métropoles comptant jusqu'à un million d'habitants. Angkor signifie «ville». Ce site monumental a été fondé par le roi Jayavarman II qui est parvenu à unifier toutes les petites dynasties khmères et à devenir leur souverain. Lui succède ensuite une longue série de rois puissants qui ordonnent tous les uns après les autres qu'un temple soit construit en leur honneur. Les temples d'Angkor, chacun à l'image de son souverain, sont disséminés sur une région de plusieurs centaines de kilomètres carrés. Angkor Vat, le temple des temples, est construit sous le règne du roi Suryavarman II. Pure harmonie et parfaite symétrie des formes. L'éternité sculptée dans la pierre. Tout à Angkor Vat est disproportionné, une rue pavée de 15 m de large mène par un fossé à l'entrée occidentale. La balustrade représente le corps d'un serpent dont les nombreuses têtes s'élancent jusqu'à quatre mètres de haut. Les portes latérales sont suffisamment grandes pour laisser passer des éléphants. Au centre se dresse le superbe temple coiffé de cinq tours culminant pour certaines à 65 m de haut, pareilles à des boutons de lotus en pleine éclosion. Le regard est attiré par les tours grandioses qui se dessinent désormais nettement sur les teintes rose et orange du ciel crépusculaire. On rend hommage mentalement à l'imagination des architectes qui ont su créer ce chef-d'œuvre de l'architecture khmère dont l'élégance et la finesse frappent le visiteur lorsqu'il s'approche. Le moindre recoin, le moindre interstice recèle d'étonnants reliefs avec une grande richesse de détails : des dieux et des démons, des fleurs en pierre, des vrilles et des feuilles, des fleurs de lotus stylisées et des serpents. Les bas-reliefs les plus longs du monde. L'œil du visiteur, où qu'il se pose à Angkor Vat, est sans cesse fasciné par les Apsaras, ces danseuses de temple aux cheveux en chignon et coiffées de magnifiques couronnes, le torse dénudé, parées de colliers, d'anneaux et de bracelets, figées dans des postures qui, même finement sculptées dans la pierre, restent un miracle d'élégance et de gracilité. Des séductrices en pierre. Un sourire mystérieux, le fameux «sourire d'Angkor», flotte sur leurs traits charmants. Les jeunes filles ont toujours été nombreuses à la cour, les princes des diverses provinces envoyant toujours en cadeau d'anniversaire aux rois les plus belles d'entre elles ainsi que les danseuses les plus douées.

La danse des Apsaras est un art qui a été interdit sous le terrifiant régime des Khmers rouges mais un grand nombre de jeunes cambodgiennes tentent de s'y initier aujourd'hui. Des pas attentifs, le corps droit s'étirant dans des postures presque bizarres, des mouvements souples, presque comme ceux d'une nymphe. Cette formation de danseuse dispensée dans quelques écoles seulement est dure et seules les meilleures y arrivent. Les candidates doivent parfaitement maîtriser environ 1500 gestes et postures des doigts d'une mobilité inimaginable pour réussir l'examen final.

À Angkor Vat, le soleil au zénith a chassé toutes les ombres sauf celle qu'offrent les arbres du temple de Ta Prohm. Un temple dissimulé dans la jungle. Des singes poussent des cris perçants, des cigales donnent un concert, des racines sinuent sur la pierre. Des racines immenses qui enserrent les arbres, encerclent les piliers et brisent des blocs de pierre. Des arbres gigantesques poussent sur les terrasses, les galeries et les murs de Ta Prohm. Les fondations semblent fléchir sous le poids de ces arbres colossaux, on les entend presque gémir et souffrir. Ces arbres d'une hauteur vertigineuse ont pris possession, avec leurs imposantes racines, de Ta Prohm. Ici, culture et nature se mélangent et s'accordent. Angkor est l'emblème et la fierté du pays.

Des mobylettes, partout de mobylettes, elles doivent être des milliers à circuler dans les rues de Phnom Penh. Imperturbablement. En l'absence de bus et de trains dans la capitale, les mobylettes et les vélos «cyclospousses» sont les seuls moyens de transport en commun. Le centre de la ville est Sisowath-Quay, promenade en bordure de la rivière de Tonlé Sap. Bars, restaurants, cafés, boutiques et clubs branchés, Phnom Penh a l'air avide de plaisirs. Le palais royal se dresse à proximité. Le roi Norodom Sihanouk s'est servi à plusieurs reprises de la salle du trône durant son long règne pour des cérémonies de couronnement, car il avait coutume d'abdiquer avant de recoiffer sa couronne dès que le climat politique évoluait en sa faveur.

Tout à côté du palais se trouve le musée national, un bâtiment de couleur rouge foncé construit dans le style khmer traditionnel. Le musée, comme toute la ville d'ailleurs, a beaucoup souffert. Lorsqu'en 1975 Pol Pot instaure un régime de terreur avec les Khmers rouges, il oblige tous les habitants à quitter la capitale. Pour trois ou quatre jours, leur diton; en fait, ce règne terrifiant va durer trois ans, huit mois et vingt jours. Durant toute cette période, Phnom Penh mais aussi toutes les autres villes du pays, deviennent de véritables villes fantômes. Pol Pot souhaitant instaurer coûte que coûte un état rural, tous les citadins sont envoyés dans les campagnes où ils tentent de survivre. Beaucoup meurent de manière pitoyable et ce régime fait au total plus de 1,5 million de victimes.

Lorsqu'en 1979, la terreur prend fin et que les survivants retournent dans les villes, non seulement ils découvrent le musée national mis à sac et son directeur assassiné, mais ils constatent aussi avec stupeur que la nature a repris ses droits jusque dans les moindres recoins.
Personne n'a oublié cette horrible période, mais tout est heureusement terminé. Tuol Sleng, ancienne école transformée en centre de torture national par les Khmers rouges, est un monument expiatoire. Il est difficile d'imaginer que des êtres humains ont torturé à mort d'autres êtres humains dans ce lieu à l'air si paisible où flotte le parfum des fleurs de frangipanier. Sur les 18 000 prisonniers ici incarcérés – hommes, femmes et enfants sept seulement ont survécu. Ils étaient parqués dans de minuscules cellules. Des scènes de torture sont accrochées aux murs. Il existe des photos et des dossiers sur toutes les victimes. Une bestialité minutieusement orchestrée par la bureaucratie. Au début, la prison était réservée aux officiers, intellectuels et moines. Plus tard, tout le monde pouvait avoir la malchance de s'y retrouver comme par exemple cette petite fille qui chantait gaiement une chanson sans savoir malheureusement qu'elle était interdite par les Khmers rouges.
On atteint vite les limites du supportable à Tuol Sleng, mais c'est aussi un pan de l'histoire du Cambodge, tout comme les «Killing Fields», lieu d'exécution sommaire avec ses charniers aux portes de la ville. Tout comme le «sourire khmer», ce sourire amical qu'affichent timidement les Cambodgiens à chaque rencontre. Ou comme les moines bouddhistes dans leur robe safran ou rouge. Une retraite de deux semaines, deux mois ou deux ans dans un monastère est chose normale au Cambodge, au même titre que la mousson qui revient chaque année. Méditer, prier, étudier les écrits bouddhistes et se conformer aux règles de l'ordre comme par exemple ne manger qu'entre le lever du soleil et midi. Auparavant, les moines font le porte à porte pour quémander leur pitance. Tout être qui choisit de faire une retraite monacale retrouve un karma positif, est considéré comme un homme meilleur et un bon bouddhiste.
Les paysans rentrent des rizières sous les derniers rayons du soleil. La chaleur torride du jour fait place à une agréable tiédeur. Dans le kiosque, des moustiques volettent autour de la lumière des tubes néon. Le potage aux vermicelles et le riz mijotent toujours dans les cuisines ambulantes. Les pêcheurs sur le Mékong et la rivière Tonlé Sap vérifient encore une fois leurs nasses. Lentement, les pointes des tours d'Angkor Vat qui scintillaient encore comme de l'or sous la lumière du soleil couchant il y a quelques secondes à peine, s'effacent. Le calme revient dans l'un des monuments les plus parfaits jamais créés par l'homme. À Angkor Vat. La campagne retrouve sa tranquillité mais dans les restaurants et les clubs sur le Sisowath Quay, la vie nocturne ne va pas tarder à battre son plein.

1. Boeng-Kak-See | Phnom Penh

Der Boeng Kak ist ein großer See mitten in Phnom Penh, an dessen Ufern mehr als 20 000 Menschen leben. Die Landschaft ist durch Bauprojekte gefährdet.

Boeng Kak Lake | Phnom Penh

The Boeng Kak is a large lake in the middle of Phnom Penh. Over 20,000 people live along its shores. The landscape is threatened by various construction projects.

Lac Boeng Kak | Phnom Penh

Le Boeng Kak au cœur de Phnom Penh est un grand lac sur les berges duquel vivent plus de 20 000 personnes. Le paysage est toutefois menacé par des projets de construction.

2. Silberpagode im Königspalast | Phnom Penh

Nicht weit von der Uferpromenade Sisowath-Quay liegt der Königspalast mit der Silberpagode. Ihren Namen verdankt die Pagode den 5 329 silbernen Bodenfliesen, jede davon 20 mal 20 Zentimeter groß und über ein Kilo schwer. Zwar ließen die Roten Khmer über die Hälfte der Innenausstattung verschwinden, aber die Pagode selbst blieb weitgehend unangetastet.

Silver Pagoda in the King's Palace | Phnom Penh

Not far from the lakeside promenade of the Sisowath Quay stands the King's Palace with the Silver Pagoda. The Pagoda owes its name to the 5,329 silver floor tiles, each measuring 20 x 20 cm and weighing over one kilo. Although the Khmer Rouge plundered over half of the interior fittings, the Pagoda itself remained largely untouched.

Pagode d'argent dans le palais royal | Phnom Penh

Pas loin de la promenade de Sisowath-Quay aménagée sur la berge se dresse le palais royal avec la pagode d'argent qui doit son nom aux 5 329 dalles de sol en argent dont chacune fait 20 cm sur 20 et pèse plus d'un kilo. Certes, les Khmers rouges ont fait disparaître la moitié de la décoration intérieure mais la pagode proprement dite a été largement épargnée.

3. Tempel Wat Phnom | Phnom Penh

27 Meter misst der Hügel, auf dem der Tempel Wat Phnom, Namensgeber von Phnom Penh, steht. Reliefs, Bronzefriese und Nagas – beschützende, oft vielköpfige Schlangen – säumen die Treppe zum Heiligtum.

Wat Phnom Temple | Phnom Penh

The temple of Wat Phnom, which gave its name to Phnom Penh, stands on a low hill only 27 m in height. Reliefs, bronze friezes and Nagas – guardian snakes often with many heads – line the steps to the sanctuary.

Temple de Vat Phnom | Phnom Penh

La butte sur laquelle est juché le temple de Vat Phnom qui a donné son nom à la capitale fait 27 m de haut. Des reliefs, des frises de bronze et des nagas – serpents protecteurs souvent représentés à plusieurs têtes – bordent l'escalier menant au sanctuaire.

RF
Traité
Franco-Siamois
15 mars 1907
Battambang
Siem-Reap
Sisophon

4. Stelzenhäuser | Phnom Penh

Stelzenhäuser zum Schutz vor Hochwasser des Mekong. Nur ein paar Kilometer von der Hauptstadt Phnom Penh entfernt herrscht ruhiges Landleben.

Pile houses | Phnom Penh

Pile houses for protection against the floodwaters of the Mekong. Peaceful rural life prevails only a few kilometres from the capital city of Phnom Penh.

Maisons sur échasses | Phnom Penh

Des maisons sur échasses pour se protéger des crues du Mékong. À quelques kilomètres seulement de la capitale de Phnom Penh, les paysans mènent une vie tranquille.

5. Schwimmende Hütten auf dem Tonle-Sap-See

Ein mobiles Zuhause ist eine grundlegende Voraussetzung für das Leben im Gewässernetz des Tonle Sap. Der See kann während der Monsunzeit auf das bis zu Siebenfache anwachsen. Die schwimmenden Hütten können sich dem Wasserstand anpassen.

Floating huts on Lake Tonle Sap

A mobile home is an essential requirement for life in the water system of the Tonle Sap. During the monsoon season, the lake can increase in area up to sevenfold. The floating huts adapt to the water level.

Cabanes flottantes sur le Lac Tonlé Sap

Une maison mobile est indispensable pour pouvoir vivre dans les eaux du Tonlé Sap. La surface du lac peut être multipliée par sept durant la mousson, les cabanes flottantes bougent alors au gré de l'eau qui monte ou qui baisse.

6. Kompong Luong am Tonle-Sap-See

Am Südwestufer des Tonle Sap liegt die Siedlung Kompong Luong – ein schwimmendes Dorf mit Geschäften, Restaurant und einer Tankstelle. Die Dorfbewohner sind eine Gemeinschaft aus Familien von Chams und Vietnamesen.

Kompong Luong on Lake Tonle Sap

On the south-west bank of the Tonle Sap lies the settlement of Kompong Luong – a floating village with businesses, a restaurant and a filling station. The villagers are a community of families, made up of Chams and Vietnamese.

Kompong Luong en bordure du Lac Tonlé Sap

Le village flottant de Kompong Luong avec ses magasins, son restaurant et sa station-service se situe sur la rive sud-ouest du Tonlé Sap. Il est habité par une communauté regroupant des familles de Chams et de Vietnamiens.

7. Tonle-Sap-See

Der wechselnde Wasserstand des Tonle Sap führte dazu, dass Menschen nicht am, sondern auf dem See leben. Die schwimmenden Dörfer passen sich an die wechselnde Uferlinie an. Holzhäuser, manchmal sind es auch nur einfache Bambushütten, schwimmen aneinander gekettet auf Flößen.

Lake Tonle Sap

The changing water level of the Tonle Sap means that people have to live not beside the lake, but on it. The floating villages adapt to the changing shoreline. The wooden houses, or sometimes simply bamboo huts, float on rafts, held together by chains.

Lac Tonlé Sap

Le niveau changeant de la rivière de Tonlé Sap a poussé la population à vivre non pas sur la rive mais dans la rivière. Les villages flottants bougent au gré de la rive mouvante du cours d'eau. Des maisons en bois, parfois de simples cabanes de bambou, flottent accrochées les unes aux autres par des chaînes sur des radeaux.

8. Tonle-Sap-See

Leben nach dem Pulsschlag des größten Sees Südostasiens Tonle Sap und seinen Gezeiten. Diese zwingen die Fischschwärme zur Wanderung – und damit auch ihre Fänger. Kambodscha hat den größten Reichtum an Süßwasserfisch in ganz Südostasien, ungefähr die Hälfte davon lebt im Tonle Sap.

Lake Tonle Sap

Life according to the pulse of South-East Asia's largest lake, the Tonle Sap and its tides. These force the fish swarms to migrate – and the fisher folk have to follow them. Cambodia has the greatest wealth of freshwater fish in all South-East Asia, and about half the stock lives in the Tonle Sap.

Lac Tonlé Sap

Vivre au rythme du plus grand lac d'Asie du Sud-Est, le Tonlé Sap, et de ses marées qui obligent les bancs de poissons et donc les pêcheurs à migrer. Le Cambodge est l'un des pays les plus riches en poissons d'eau douce dans toute l'Asie du Sud-Est, la moitié environ vit d'ailleurs dans le Tonlé Sap.

9. Tonle-Sap-See

Die Felder am Tonle Sap werden während des Monsuns überflutet. Manchmal ragen nur die Baumwipfel aus den Wassermassen heraus. Dafür bleibt fruchtbarer Schlamm zurück, der Grundlage für eine gute Reisernte ist.

Lake Tonle Sap

The fields around the Tonle Sap become flooded during the monsoon. Sometimes only the treetops rise up out of the masses of water. But the waters leave behind them fertile mud, the perfect planting-ground for a good rice harvest.

Lac Tonlé Sap

Les champs en bordure de la rivière de Tonlé Sap sont inondés durant la mousson. Parfois, seule la cime des arbres dépasse des flots, mais les boues fertiles amenées par les inondations permettent d'assurer une bonne récolte de riz.

10. In der Nähe von Kravanh

Idyll bei Kravanh am Pouthisat-Fluss, der aus dem Kardamom Gebirge kommt und hinter der Stadt Pursat in den Tonle Sap mündet.

Area around Kravanh

Idyll at Kravanh on the Pouthisat river, which flows from the Kardamom mountains and empties into the Tonle Sap behind the town of Pursat.

Près de Kravanh

Idylle près de Kravanh en bordure de la rivière de Pursat qui descend des montagnes Cardamom et se jette dans le Tonlé Sap après avoir dépassé la ville de Pursat.

11. Dorf im Westen Kambodschas

Dörfer im Westen Kambodschas: Hütten aus Palmwedel, kleine Gärten und ein paar Stück Vieh, dazu Straßen, die nur während der Trockenzeit gut begehbar sind. Die Region geriet Ende des 18. Jahrhunderts unter siamesische Kontrolle und wurde erst 1946 an Kambodscha zurückgegeben.

Village in western Cambodia

Villages in western Cambodia: Huts of palm fronds, small gardens and a few cattle, together with roads that are only passable in the dry season. The region came under Siamese control at the end of the 18th century, and was only returned to Cambodia in 1946.

Village dans l'ouest du Cambodge

Villages dans l'ouest du Cambodge: des cabanes construites avec des branches de palmier, des jardinets et quelques bêtes, des routes praticables seulement en période sèche. La région est tombée sous la domination siamoise à la fin du 18ème siècle avant d'être restituée au Cambodge en 1946 seulement.

12. Bamboo-Train | Battambang

Kambodschas Straßen sind häufig in schlechtem Zustand, Schienenbahnen selten. Doch es gibt den Bamboo-Train: Eine Bambuspalette auf zwei Achsen, angetrieben durch einen Motor. Der Bamboo-Train verkehrt südlich von Battambang. Sogar Fahrpläne sind vorhanden.

Bamboo Train | Battambang

Cambodia's roads are frequently in poor condition, and railways are rare. But there is still the Bamboo Train: A bamboo palette on two axles, driven by an engine. The Bamboo Train operates to the south of Battambang. There are even scheduled services.

Le train bambou | Battambang

Les routes du Cambodge sont souvent en mauvais état, les voies ferrées rarement, mais heureusement que le train bambou existe: un plateau en bambou posé sur deux essieux et qui avance avec un moteur. Le train circule toutes les heures depuis Battambang et une grille des horaires est même disponible..

13. Markthalle von Battambang

Den Charme des Zerfalls verströmt die Markthalle von Battambang. Wie alle Städte wurde auch Battambang in den Jahren unter den Roten Khmer evakuiert. Die Stadt ist jedoch weitgehend von den Zerstörungen verschont geblieben.

Market hall at Battambang

The market hall of Battambang radiates the quaint charm of decay. Like all towns, Battambang was also evacuated during the years under the Khmer Rouge. Fortunately however, the town was largely spared the destruction suffered by others.

Halle du marché de Battambang

Il émane des ruines de la halle du marché de Battambang un charme particulier. Comme toutes les villes, Battambang a également été évacuée durant le régime des Khmers rouges. La ville a toutefois été épargnée dans une large mesure par les destructions.

ផ្សារធំបាត់ដំបង
Luxury

14. Buddhistische Mönche | Battambang

Buddhistische Mönche dürfen nur von Sonnenaufgang bis zur Mittagszeit Nahrung aufnehmen. Zuvor gehen sie um Essen bittend von Haus zu Haus. Absichtsloses Schenken gilt als buddhistische Tugend.

Buddhist monks | Battambang

Buddhist monks may only take in nourishment from sunrise until noon. They first go from house to house asking for food. Giving without hope or expectation of reward is considered a Buddhist virtue.

Moines bouddhistes | Battambang

Les moines bouddhistes ne sont autorisés à manger que du lever du soleil à midi. Auparavant, ils doivent quémander leur pitance en faisant du porte à porte. Le don gratuit est considéré comme une vertu bouddhiste.

15. Tempel Bak Tra | Pursat

Pursat ist Kambodschas Zentrum der Marmorverarbeitung. Der Marmor stammt aus dem Kardamom Gebirge. Zahlreiche Marmorfiguren verzieren daher den nahegelegenen Tempel Bak Tra.

Bak Tra Temple | Pursat

Pursat is Cambodia's centre of marble processing. The marble comes from the Kardamom Mountains. Numerous marble figures decorate the nearby temple of Bak Tra.

Temple de Bak Tra | Pursat

Pursat est le centre cambodgien de l'industrie du marbre. Le marbre provient des montagnes de Cardamom. De nombreuses statues en marbre ornent par conséquent le temple tout proche de BakTra.

16. Ratanakiri

Die Kreung, die Chunchiet und die Tampuan leben abgeschieden in ihren Dörfern in den Bergen. Sie pflegen ihre eigene Sprache und ihre eigenen Traditionen.

Ratanakiri

The Kreung, the Chunchiet and the Tampuan live isolated in their villages in the mountains. They have their own language and their own traditions.

Ratanakiri

Les Kreung, les Chunchiet et les Tampuan vivent à l'écart dans des villages situés dans les montagnes où ils cultivent leur propre langue et leurs propres traditions.

17. Junggesellenhütten | Ratanakiri

Wer in den Dörfern der Tampuan im heiratsfähigen Alter ist, zieht in Junggesellenhütten auf hohen Pfählen. Ein Platz, um sich ungestört kennenzulernen und umeinander zu werben. Die Hütten der Junggesellinnen haben nur eine Türe, jene der Junggesellen zusätzlich Fenster und Balkon.

Bachelors' huts | Ratanakiri

Anyone of marriageable age in the villages of the Tampuan moves into single-sex huts built on tall piles. A place to get to know each other without distraction and establish relationships. The girls' huts only have a door, while the boys' huts also have windows and balconies.

Maisons de célibataires | Ratanakiri

Tous les jeunes en âge de se marier dans les villages du Tampuan partent habiter dans de hautes maisons pour célibataires dans lesquelles ils sont libres de recevoir qui ils veulent. Les maisons des jeunes filles célibataires ont une porte, celles des jeunes hommes sont aussi dotées d'une fenêtre et d'un balcon.

18. Ratanakiri

Die schwach bevölkerte Region Ratanakiri liegt im Nordosten Kambodschas an den Grenzen zu Laos und Vietnam. Eine starke Abholzung und Bergbau haben in den letzten Jahren der Natur stark zugesetzt. Ratanakiri bedeutet „Juwelenberg", auch heute noch gehen in dieser Provinz Edelsteinschürfer ihrem Handwerk nach.

Ratanakiri

The thinly-populated region of Ratanakiri lies in the north-east of Cambodia on the borders with Laos and Vietnam. Nature here has suffered greatly in recent years from severe deforestation and mining. Ratanakiri means "jewel mountain", and gem-prospectors still ply their trade in this province today.

Ratanakiri

La région faiblement peuplée de Ratanakiri s'étend dans le nord-est du Cambodge aux frontières du Laos et du Vietnam. La nature a beaucoup souffert du déboisement intense et de l'exploitation minière ces dernières années. Ratanakiri signifie «montagne aux pierres précieuses» et aujourd'hui encore les chercheurs de joyaux poursuivent leur quête dans cette province.

19. Ratanakiri

Kambodschas Provinz Ratanakiri ist ein dicht bewaldetes und unwegsames Hochland mit zahlreichen Wasserfällen und einer tropischen Vegetation.

Ratanakiri

Cambodia's Ratanakiri Province is a densely-forested and trackless upland with numerous waterfalls and tropical vegetation.

Ratanakiri

La province cambodgienne de Ratanakiri est une région d'altitude très boisée et difficile d'accès avec de nombreuses cascades et une végétation tropicale.

20. Fluss zwischen Stung Treng und Banlung

Unzählige Flüsse, Bäche und Wasserarme gibt es zwischen Stung Treng und Banlung. Alle speisen den Mekong.

Rivière entre Stung Treng et Banlung

Innumerable rivers, streams and brooks flow between Stung Treng and Banlung. All go to feed the mighty Mekong.

River between Stung Treng and Banlung

D'innombrables rivières, ruisseaux et affluents coulent entre Stung Treng et Banlung. Ils se jettent tous dans le Mékong.

21. Khone-Phapheng-Wasserfälle

Die Khone-Phapheng-Wasserfälle verhindern die Weiterfahrt nach Laos. Auf einer Breite von sechs Kilometern stürzt das Wasser in die Tiefe. Sonnenlicht schmückt die Felsen mit kleinen Regenbögen.

Khone-Phapheng waterfalls

The Khone-Phapheng waterfalls prevent further navigation to Laos. The water plunges into the depths over an arc of six kilometres. Sunlight paints the rocks with small, shimmering rainbows.

Chutes de Khone Phapheng

Les chutes de Khone Phapheng, larges de six km, empêchent toute progression vers le Laos. La lumière du soleil joue sur les rochers, les parant de petits arcs-en-ciel.

22. Mekong

Mal flach, mal tief, mal reißender Gebirgsbach, mal träger Strom – der Mekong hat auf seinem rund 4 350 Kilometer langen Weg vom Hochland Tibets, über China, Laos, Kambodscha, bis nach Vietnam viele Gesichter.

Mekong

Sometimes calm and deep, sometimes a roaring mountain stream, sometimes a sluggish current – the Mekong has many different moods along its course of 4,350 kilometres from the plateau of Tibet, through China, Laos, Cambodia and down to the sea in Vietnam.

Mekong

Parfois plat, parfois profond, parfois tumultueux, parfois inerte le Mékong change sans cesse de visage durant les 4350 kilomètres qu'il parcourt depuis le plateau du Tibet, à travers la Chine, le Laos, le Cambodge et jusqu'au Vietnam.

23. Mekong

Im Mekong tummeln sich Flussdelfine. Ein Fischer, der einen solchen Delfin fängt, heißt es, werde nie wieder einen Fisch fangen. Denn der Delfin sei einst ein junges Mädchen gewesen, das zu einer unglücklichen Ehe gezwungen wurde. Es hatte sich am Mekongufer das Leben genommen und in einen Delfin verwandelt.

Mekong

River dolphins inhabit the Mekong. The locals believe that any fisherman who catches such a dolphin will never catch a fish again. Because the dolphin was once a young girl, who was forced into an unhappy marriage. She took her life on the banks of the Mekong, and was transformed into a dolphin.

Mekong

Les dauphins fluviaux abondent dans le Mékong. On raconte que si un pêcheur a le malheur d'en attraper un, il ne pêchera plus jamais aucun poisson. Le dauphin serait en effet une jeune fille qui, malheureuse en ménage, se serait suicidée sur la berge du Mékong avant de se transformer en dauphin.

24. Mekong

Mekong aufwärts sind es nur noch wenige Kilometer bis zur laotischen Grenze. Bei Ebbe sieht man die Baumwurzeln aus der Strömung wachsen. In der Regenzeit ragen an der selben Stelle nur noch die Baumspitzen aus dem Wasser.

Mekong

Only a few kilometres further up the Mekong lies the Laotian border. When the tide ebbs, the tree roots rise up out of the water. During the rainy season, only the treetops project above the swollen waters.

Mekong

Le Mékong en amont n'est qu'à quelques kilomètres de la frontière avec le Laos. À marée basse, les racines des arbres affleurent au-dessus de l'eau. Pendant la saison des pluies, seule leur cime est encore visible.

25. Dorf in der Nähe von Kampot

Dorfleben in der Nähe der Stadt Kampot. Meist leben die Khmer vom Reisanbau, Fischfang und Handel.

Village near Kampot

Village life close to the town of Kampot. Most of the Khmer make their living from rice-farming, fishing and trade.

Village près de Kampot

La vie dans un village à proximité de la ville de Kampot. Les Khmers vivent en grande majorité de la riziculture, de la pêche et du commerce.

26. Ream Nationalpark

Der Ream Nationalpark erstreckt sich über 210 km^2 und umfasst Küstenlandschaften, Mangrovensümpfe, immergrüne Wälder sowie die Inseln Koh Thmei und Koh Ses.

Ream National Park

The Ream National Park covers 210 km^2, and contains coastal landscapes, mangrove swamps, evergreen forests and the islands of Koh Thmei and Koh Ses.

Parc national de Ream

Le parc national de Ream s'étend sur une superficie de 210 km^2 et englobe des paysages côtiers, des marais à mangroves, des forêts à feuillage persistant ainsi que les îles de Koh Thmei et Koh Ses.

27. Fluss Prek Toeuk Sap | Ream Nationalpark

Der von Mangroven gesäumte Fluss Prek Toeuk Sap im Ream Nationalpark ist wichtiger Lebensraum für Vögel. Fischadler, Eisvogel und Milchstorch lassen sich hier beobachten.

Prek Toeuk Sap river | Ream National Park

Fringed by mangroves, the Prek Toeuk Sap river in the Ream National Park is an important biotope for many bird species. Fish eagles, kingfishers and milky storks can all be observed here.

Rivière de Prek Toeuk Sap | Parc national de Ream

La rivière de Prek Toeuk Sap bordée de mangroves dans le parc national de Ream offre un espace de vie idéal aux oiseaux. Aigles pêcheurs, martins-pêcheurs et tantales blancs sont ici chez eux.

28. Blick auf die Hänge des Bokor Nationalparks

Ein Bootsanleger oder eine Brücke, die ins Nichts führt, sie bietet aber einen Panoramablick auf die dicht bewaldeten Hänge des Bokor Nationalparks.

View of the slopes of the Bokor National Park

A boat mooring or a bridge which leads nowhere – but it does offer a panoramic view over the densely-wooded slopes of the Bokor National Park.

Vue sur les versants du parc national de Bokor

Un embarcadère ou un pont qui ne mène nulle part mais avec un superbe panorama sur les versants densément boisés du parc national de Bokor.

29. Sihanoukville

Sihanoukville ist der bekannteste Badeort in Kambodscha. Den Namen erhielt der Ort am Golf von Siam zu Ehren des früheren Königs Norodom Sihanouk, doch im Volksmund hat sich der Name Kompong Som des ehemaligen kleinen Fischerdorfes gehalten, das 1956 dem neuen Hochseehafen weichen musste.

Sihanoukville

Sihanoukville is the best-known bathing location in Cambodia. This place on the Gulf of Siam was named in honour of the former King Norodom Sihanouk, although it is still known popularly by the name of the former small fishing village of Kompong Som, which in 1956 had to make way for the new deepwater port.

Sihanoukville

Sihanoukville est la station balnéaire la plus connue du Cambodge. La ville en bordure du Golfe de Siam a ainsi été baptisée en l'honneur de l'ancien roi Norodom Sihanouk mais le nom de Kompong Som, ainsi que s'appelait l'ancien petit village de pêcheurs qui doit faire place en 1956 au nouveau port de haute mer, est resté dans le langage populaire.

30. Stelzenhäuser | Kampot

Die Stelzenhäuser von Kampot gehören den Khmer. Kampot ist durch seine Nähe zum Meer mit den vorgelagerten Inseln und zu den wolkenverhangenen Bergen des Bokor Nationalparks ein populäres Ausflugsziel.

Pile houses | Kampot

The pile houses of Kampot belong to the Khmer. Due to its closeness to the sea and the outlying islands, and the cloud-strewn mountains of the Bokor National Park, Kampot is a popular excursion destination.

Maisons sur échasses | Kampot

Les maisons sur échasses de Kampot appartiennent aux Khmers. Proche de la mer et des îles mais aussi des montagnes perdues dans les nuages du parc national de Bokor, Kampot est un but d'excursion populaire.

31. Kampot

Die Stadt Kampot im Rücken, die Berge in weiter Ferne. Eine Brücke überspannt den Fluss, sodass Waren nicht nur per Boot zu den abgelegenen Dörfern transportiert werden können.

Kampot

The town of Kampot behind, the mountains in the far distance. A bridge spans the river to provide an alternative means of transporting goods to the remote villages, other than by boat.

Kampot

Derrière soi la ville de Kampot, au loin à l'horizon les montagnes. Un pont enjambe la rivière pour pouvoir transporter les marchandises autrement qu'en bateau jusqu'aux villages isolés.

32. Koh Kong

Koh Kong war einst eine kleine Holzfällerstadt. In der Umgebung können Wälder, Strände und schäumende Stromschnellen erkundet werden.

Koh Kong

Koh Kong was once a small woodcutters' village. The surrounding area contains forests, beaches and foaming river rapids, all waiting to be explored.

Koh Kong

Koh Kong est une ancienne petite ville de bûcherons avec, dans les environs, des forêts, des plages et des rapides bouillonnants.

NOKIA
hello
Angkor
NOKIA

33. Markt in Koh Kong

Das Angebot an Obst, Gemüse und Fisch ist üppig. Der Markt ist nicht nur Einkaufsmöglichkeit, sondern auch Nachrichtenbörse, Treffpunkt und Zentrum für Informationsaustausch.

Market in Koh Kong

The range of fruit, vegetables and fish on offer is lavish. The market is not only for shopping, but also a meeting place and an occasion for exchanging news and information.

Marché à Koh Kong

Marché à Koh Kong avec une profusion de fruits, légumes et poissons. Le marché n'est pas seulement l'occasion de faire ses courses mais aussi une bourse aux nouvelles, un lieu de rencontre et d'échange d'informations.

34. Koh Kong

Seit es die Straße durch das Kardamom Gebirge gibt und eine Brücke über den Fluss Kah Bpow, ist Koh Kong mit dem Rest des Landes und mit Thailand verbunden.

Koh Kong

Since the construction of the road through the Kardamom Mountains and a bridge over the Kah Bpow river, Koh Kong is now connected with the rest of the country and with Thailand.

Koh Kong

Depuis qu'une route a été construite à travers le massif du Cardamon et qu'un pont enjambe la Rivière de Kah Bpow, Koh Kong est enfin reliée au reste du monde et à la Thaïlande.

CRAB SELLING
Tel: 016 60 30 75
092 70 06 79

35. Mobile Tankstelle | Koh Kong

Mobile Tankstelle: Benzin gibt es flaschenweise oder es wird aus einem alten Fass abgepumpt.

Mobile filling station | Koh Kong

Mobile filling station: Petrol is sold either by the bottle, or is pumped out of an old barrel.

Station-service ambulante | Koh Kong

Une station-service ambulante: l'essence est vendue en bouteille ou pompée dans un vieux tonneau.

SELLING CRAB
150M
BATCH No.
CODE
PRODUCT

36. Kardamom Gebirge

Im schwer zugänglichen Kardamom Gebirge leben mehr als 400 Tierarten, zu denen auch Tiger, Elefant und das extrem gefährdete Siamesische Krokodil gehören.

Kardamom Mountains

Over 400 species of animals inhabit the inaccessible Kardamom Mountains, including tigers, elephants and the highly-endangered Siamese crocodile.

Massif du Cardamom

Plus de 400 espèces animales dont le tigre, l'éléphant et le crocodile siamois, l'un des animaux les plus menacés au monde, vivent dans les montagnes difficilement accessibles de Cardamom.

37. Kardamom Gebirge

Das Kardamom Gebirge mit seinem unberührten üppigen Dschungel ist zu großen Teilen unerforscht. Es verläuft in ostwestlicher Richtung. Im östlichen Teil befindet sich der Phnom Aôral, mit 1 813 Metern der höchste Berg Kambodschas.

Kardamom Mountains

The Kardamom Mountains, with their untouched and luxuriant jungle, remain largely unexplored. The mountains run in an east-west direction. In the eastern part stands Phnom Aôral, at 5,948 ft. the highest mountain in Cambodia.

Massif du Cardamom

Le massif du Cardamom avec sa jungle vierge touffue reste en grande partie inexploré et s'étire d'est en ouest. Dans la partie orientale se dresse le Phnom Aôral, 1 813 m, la plus haute montagne du Cambodge.

38. Strand in der Nähe von Koh Kong

Nicht nur Badegäste schätzen die weißen, langen Sandstrände bei Koh Kong. Die Stadt Koh Kong befindet sich in unmittelbarer Nähe zur thailändischen Grenze.

Beaches near Koh Kong

Bathers are not the only ones who appreciate the long, white-sand beaches at Koh Kong. Koh Kong lies right beside the border with Thailand.

Plage à proximité de Koh Kong

Les baigneurs ne sont pas les seuls à apprécier les longues plages de sable blanc près de Koh Kong. La ville de Koh Kong se trouve à proximité immédiate de la frontière avec la Thaïlande.

39. Siem Reap | Wat Bo Tempel

Einer der ältesten buddhistischen Tempel von Siem Reap ist Wat Bo. An den Wänden befinden sich Malereien mit Darstellungen aus dem Leben Buddhas.

Siem Reap | Wat Bo Temple

Wat Bo is one of the oldest Buddhist temples of Siem Reap. The wall paintings depict episodes from the life of Buddha.

Siem Reap | Temple de Vat Bo

L'un des temples bouddhistes les plus anciens de Siem Reap est Vat Bo. Les murs sont couverts de peintures représentant des scènes de la vie de Bouddha.

40. Siem Reap | Wat Bo Tempel

Steinmetzkunst verziert jede Ecke des Tempels Wat Bo bis ins kleinste Detail. Der buddhistische Tempel steht östlich von Siem Reap, abseits vom Touristenmagnet Angkor.

Siem Reap | Wat Bo Temple

The stonemason's art embellishes every corner of the temple of Wat Bo down to the smallest detail. This Buddhist temple stands to the east of Siem Reap, away from the tourist magnet of Angkor.

Siem Reap | Temple de Vat Bo

Des sculptures de pierre ornent le moindre recoin du temple de Vat Bo. Le temple bouddhiste se dresse à l'est de Siem Reap, à l'écart de l'aimant touristique d'Angkor.

41. Chedis beim Tempel Wat Bo in Siem Reap

Die Chedis beim Tempel Wat Bo können Orte der Anbetung aber auch Mahnung sein. Sie sollen Reliquien von Buddha enthalten. Heute sind es meist Kopien von Reliquien.

Chedis at the temple of Wat Bo in Siem Reap

The 'chedis' at the Wat Bo Temple can be places of worship, but also admonition. They are supposed to contain relics of Buddha, although today these are usually copies of relics.

Chedis au temple de Vat Bo à Siem Reap

Les Chedis dans le temple Vat peuvent être des lieux de vénération, mais aussi d'exhortation. On raconte qu'ils renfermeraient des reliques de Bouddha mais aujourd'hui ce sont généralement des copies.

42. Wat Banan Tempel | Battambang

Wat Banan ist die am besten erhaltene Tempelanlage bei Battambang. Die Türme des Heiligtums auf einem 70 Meter hohen Hügel erinnern an Angkor Wat. Da Wat Banan in bescheideneren Ausmaßen gebaut wurde als Angkor Wat, fällt die Anzahl der touristischen Besucher geringer aus.

Wat Banan Temple | Battambang

Wat Banan is the best-preserved temple complex at Battambang. Standing on a 70 m-high hill, the towers of the sanctuary are reminiscent of Angkor Wat. Since Wat Banan was constructed with more modest dimensions than Angkor Wat, the number of visiting tourists is also lower.

Temple de Vat Banan | Battambang

Vat Banan est le temple le mieux préservé près de Battambang. Les tours du sanctuaire sur une butte de 70 m de haut rappellent Angkor Vat. Vat Banan étant de dimensions plus modestes qu'Angkor Vat, le nombre des visiteurs touristiques est également moins important.

43. Angkor Thom | Bayon

Allgegenwärtig sind die drei Meter hohen Gesichter von Bayon, dem Haupttempel von Angkor Thom. Ein Wald von mehr als 200 aus Stein gemeißelten Köpfen. Bis heute ist die Frage, warum die Gesichter vom Bayon herabblicken, unbeantwortet geblieben.

Angkor Thom | Bayon

The 3 m-high faces of Bayon, the main temple of Angkor Thom, can be seen everywhere. A forest of over 200 heads, chiselled out of stone. The question of why the faces of Bayon are all looking downwards remains unanswered today.

Angkor Thom | Bayon

Les têtes de trois mètres de haut de Bayon, principal temple d'Angkor Thom, sont partout présentes. Une forêt de plus de 200 têtes taillées dans la pierre. Aujourd'hui encore, personne ne sait pourquoi les têtes de Bayon baissent leur regard.

44. Angkor Thom | Bayon

Schon im Jahre 1600 war die Existenz von Angkor im Westen bekannt, doch es dauerte noch 260 Jahre, bevor jemand tatsächlich dorthin gelangte. Die frühesten Denkmäler stammen aus dem neunten, die bekanntesten wie Angkor Wat, Bayon und Angkor Thom aus dem zwölften und dreizehnten Jahrhundert.

Angkor Thom | Bayon

The existence of Angkor was known in the West as early as the year 1600, although it was a further 260 years before westerners set eyes on it. The earliest monuments date from the 9th century, while the best-known, such as Angkor Wat, Bayon and Angkor Thom, were constructed in the 12th and 13th centuries.

Angkor Thom | Bayon

Dès l'an 1600, le monde occidental connaît l'existence d'Angkor mais il faut attendre encore 260 ans avant qu'un botaniste français ne le découvre. Les monuments les plus anciens datent du 9ème siècle, les plus connus comme par exemple Angkor Vat, Bayon et Angkor Thom ont été construits aux 12ème et 13ème siècles.

45. Ta Prohm | Angkor

Wurzeln von Würgefeigen auf den Ruinen von Ta Prohm. Im frühen 20. Jahrhundert begann die Restaurierung von Angkor. Eine Stätte sollte so belassen werden, wie Archäologen Angkor im Jahr 1860 vorgefunden hatten – die Ruinen von Ta Prohm wurden dafür ausgewählt.

Ta Prohm | Angkor

Roots of strangler figs amongst the ruins of Ta Prohm. The restoration of Angkor began in the early 20th century. One site was to be left as Angkor had been discovered by archaeologists in the year 1860 – the ruins of Ta Prohm were selected for this purpose.

Ta Prohm | Angkor

Racines de figuiers des banyans dans les ruines de Ta Prohm. C'est au début du 20ème siècle que les travaux de restauration d'Angkor débutent. Il était convenu de laisser un site dans l'état dans lequel les archéologues avaient trouvé Angkor en l'an 1860, le choix s'est porté sur Ta Prohm.

46. Angkor Thom | Elefanten-Terrasse

Die Elefanten-Terrasse von Angkor Thom erhielt ihren Namen vom umlaufenden Relief-Fries, das mit zahlreichen Elefanten-Skulpturen geschmückt ist. Die Darstellungen zeigen Jagd- und Kampfszenen oder auch Elefanten mit Lotosblumen im Rüssel. Elefanten wurden oft mit festlichem Schmuck zu feierlichen Anlässen und zu Prozessionen eingesetzt.

Angkor Thom | Elephant Terrace

The Elephant Terrace of Angkor Thom took its name from the surrounding relief frieze, which is adorned with many elephant sculptures. The representations show scenes of hunting and battle, and also elephants carrying lotus blossoms in their trunks. Elephants were often decked out with festive trappings for ceremonial occasions and processions.

Angkor Thom | Terrasse des Éléphants

La Terrasse des Éléphants d'Angkor Thom doit son nom à la frise du relief circulaire qui est ornée de nombreuses sculptures d'éléphant. Les représentations montrent des scènes de chasse et de combat mais aussi des éléphants avec des fleurs de lotus dans la trompe. Ces animaux, une fois magnifiquement parés, participaient souvent aux fêtes et processions.

47. Angkor Wat

Der Grundriss von Angkor Wat ist klar und einfach: Ein 200 Meter breiter Wassergraben, der den Ur-Ozean darstellen soll, und eine hohe Mauer umschließen das Heiligtum mit seinen fünf Türmen. Angkor Wat ist der einzige Tempel in Angkor, der ununterbrochen bis in die heutigen Tage religiösen Zwecken gedient hat.

Angkor Wat

The ground plan of Angkor Wat is clear and simple: A 200 m-wide moat, intended to represent the primeval ocean, and a high wall surround the sanctum with its five towers. Angkor Wat is the only temple which has remained in uninterrupted use for religious purposes up to the present day.

Angkor Vat

Le plan d'Angkor Vat est clair et simple : des douves de 200 m de large censées représenter la mer primitive et une haute muraille entourent le sanctuaire avec ses cinq tours. Angkor Vat est le seul temple à Angkor à avoir conservé son importance religieuse.

48. Angkor Wat

Die durch perfekte Symmetrie bestimmte Tempelanlage Angkor Wat aus dem 12. Jahrhundert war eine Stadt in der Stadt. Sie ist nicht nur historisches Monument, sondern auch Symbol für das moderne Kambodscha: Angkor Wat ziert die Nationalflagge und die Geldscheine des Landes.

Angkor Wat

The perfectly symmetrical temple complex of Angkor Wat dates from the 12th century, and was a city within a city. It is not only a historical monument, but also the symbol of modern Cambodia: Angkor Wat adorns both the national flag and the banknotes of the country.

Angkor Vat

Le complexe d'Angkor Vat du 12ème siècle, parfaitement symétrique, était une ville dans la ville. Monument historique, c'est également le symbole du Cambodge moderne : Angkor Vat orne en effet le drapeau national et les billets de banque du pays.

49. Angkor Wat

Sonnenaufgang über einem der größten sakralen Bauwerke der Welt. Unter der Herrschaft Königs Suryavarman II. wurde Angkor Wat zwischen 1113 und 1150 erbaut, als Tempel und als Hauptstadt des Khmer-Reiches, das sich damals auf dem Höhepunkt seiner Macht befand.

Angkor Wat

Sunrise over one of the largest sacred buildings in the world. Angkor Wat was constructed between 1113 and 1150 under the rule of King Suryavarman II, as a temple and capital of the Khmer Empire, which at that time was at the height of its power.

Angkor Vat

Lever du soleil au-dessus du plus grand ouvrage sacré du monde: Angkor Vat construit entre 1113 et 1150 sous le règne du roi Suryavarman II est à l'époque le temple et la capitale du royaume khmer alors en pleine apogée.

50. Angkor Wat

Jeder Winkel von Angkor Wat ist bis ins Detail gestaltet. An zahlreichen Stellen befinden sich Reliefdarstellungen von Apsaras, nymphenähnliche Halbgöttinnen, die einen besonderen Stellenwert in der Mythologie der Khmer zur Zeit des historischen Königreiches Kambuja einnahmen. 1850 dieser Reliefs sind allein in Angkor Wat anzutreffen.

Angkor Wat

Every corner of Angkor Wat is designed down to the last detail. Many places are decorated with relief representations of Apsaras, nymph-like demi-goddesses who occupied a special position in the mythology of the Khmer during the era of the historic kingdom of Kambuja. 1,850 of these reliefs can be found in Angkor Wat alone.

Angkor Vat

Chaque recoin du temple d'Angkor Vat a été décoré avec un grand souci du détail. Où qu'ilpose le regard, le visiteur découvre des reliefs avec des Apsaras, mi-femmes mi-déesses pareilles à des nymphes, qui occupaient une place particulière dans la mythologie des Khmers à l'époque du royaume historique de Kambuja. On en compte 1850 dans le seul site d'Angkor Vat.

Anita Drobeck wurde 1975 in Heidelberg geboren. Schon früh begeisterte sie sich für die Fotografie und absolvierte nach einer einjährigen Fotoschule ihre Ausbildung zur Fotografin mit den Schwerpunkten People und Industrie. Als selbstständige Fotodesignerin folgten mehrere freie Mitarbeiten bei verschiedenen Fotografen in unterschiedlichen Bereichen der Fotografie. **Nico Rademacher** wurde 1977 in Walldürn geboren. In den frühen 90er Jahren entdeckte er seine Leidenschaft für die Fotografie. Nach mehreren freien Mitarbeiten bei verschiedenen Werbe- und Peoplefotografen und einer klassischen Fotografenausbildung arbeitet er seit 2002 als freier Fotodesigner. 2004 eröffneten die beiden das Fotostudio „studio visuell – photography" in Heidelberg. Fasziniert von der Kultur, Vegetation und den Menschen machen sie seit Jahren immer wieder ausgedehnte Reisen in asiatische Länder wie Kambodscha, Vietnam, Indien, Thailand und Sri Lanka.

Iris Lemanczyk wurde 1964 in Kirchheim/Teck bei Stuttgart geboren. Nach dem Studium der Germanistik und Geographie lockte immer wieder die Ferne. Sie reiste um die Welt, schnupperte eine Zeit lang Zirkusluft, lebte in Namibia und besuchte für ein paar Monate Australien und Neuseeland. Dazwischen arbeitete sie als Zeitungs-Redakteurin bei der „Südwest Presse" in Ulm. Seit 1997 ist sie freiberuflich tätig, schreibt Kinder- und Jugendbücher sowie Sachbücher, verfasst Reiseberichte und ist als Dozentin für Kreatives Schreiben tätig.

Anita Drobeck was born in 1975 in Heidelberg. She became a photography enthusiast at an early age, and after a one-year course at a school of photography completed her training as a photographer, specialising in people and industry. As a freelance photo designer, she then freelanced with various photographers in different areas of photography. **Nico Rademacher** was born in 1977 in Walldürn. He discovered his passion for photography in the early 1990's. Following several freelance jobs with various advertising and people photographers, and a classical photography training, he has worked since 2002 as a freelance photo designer. In 2004, they opened the photo studio "studio visuell – photography" in Heidelberg, specialising in beauty and advertising photography. Fascinated by culture, vegetation and people, Anita Drobeck and Nico Rademacher have for years been making extensive trips to Asian countries such as Cambodia, Vietnam, India, Thailand and Sri Lanka.

Iris Lemanczyk was born in 1964 near Stuttgart. After studying German and geography, she gave way to the call of far-distant places. She travelled around the world, experienced the circus life for a time, lived in Namibia and spent several months in Australia and New Zealand. In between, she also learnt something more conventional: newspaper editing with the "Südwest Presse" in Ulm. Since 1997 she has worked as a freelancer, writing children's books and non-fiction and compiling travel reports, and also works as a lecturer on creative writing.

Anita Drobeck est née en 1975 à Heidelberg. Dès son plus jeune âge, elle se passionne pour la photographie et décide, après avoir passé un an dans une école de photo, de suivre une formation adéquate en se spécialisant dans les domaines «people» et industrie. Conceptrice photo indépendante, elle travaille en free-lance pour différents photographes dans divers domaines de la photographie. **Nico Rademacher** est né en 1977 à Walldürn. Au début des années 90, il découvre sa passion pour la photographie. Après avoir travaillé en free-lance pour divers photographes spécialisés dans la publicité et les «people» et suivi une formation de photographe classique. En 2004, ils ouvrent à Heidelberg le studio de photographie «studio visuell – photography». Fascinés par la culture, la végétation et les populations, ils entreprennent régulièrement depuis des années de longs voyages dans les pays asiatiques comme le Cambodge, le Vietnam, l'Inde, la Thaïlande et le Sri Lanka.

Iris Lemanczyk est née en 1964 près de Stuttgart. Après des études de philologie allemande et de géographie, elle effectue régulièrement des voyages lointains. Elle voyage à travers le monde, séjourne pendant quelque temps dans un cirque, vit en Namibie et passe plusieurs mois en Australie et en Nouvelle-Zélande. Entre toutes ces occupations, elle trouve néanmoins le temps d'apprendre un métier sérieux : rédactrice journalistique au quotidien allemand « Südwest Presse » à Ulm. Elle rédige également des comptes rendus de voyage et dispense des cours de création littéraire.

In der EDITION PANORAMA TRAVEL BIBLIOTHEK erhältlich | Available in the EDITION PANORAMA TRAVEL BIBLIOTHEK | Disponible dans la collection EDITION PANORAMA TRAVEL BIBLIOTHEK

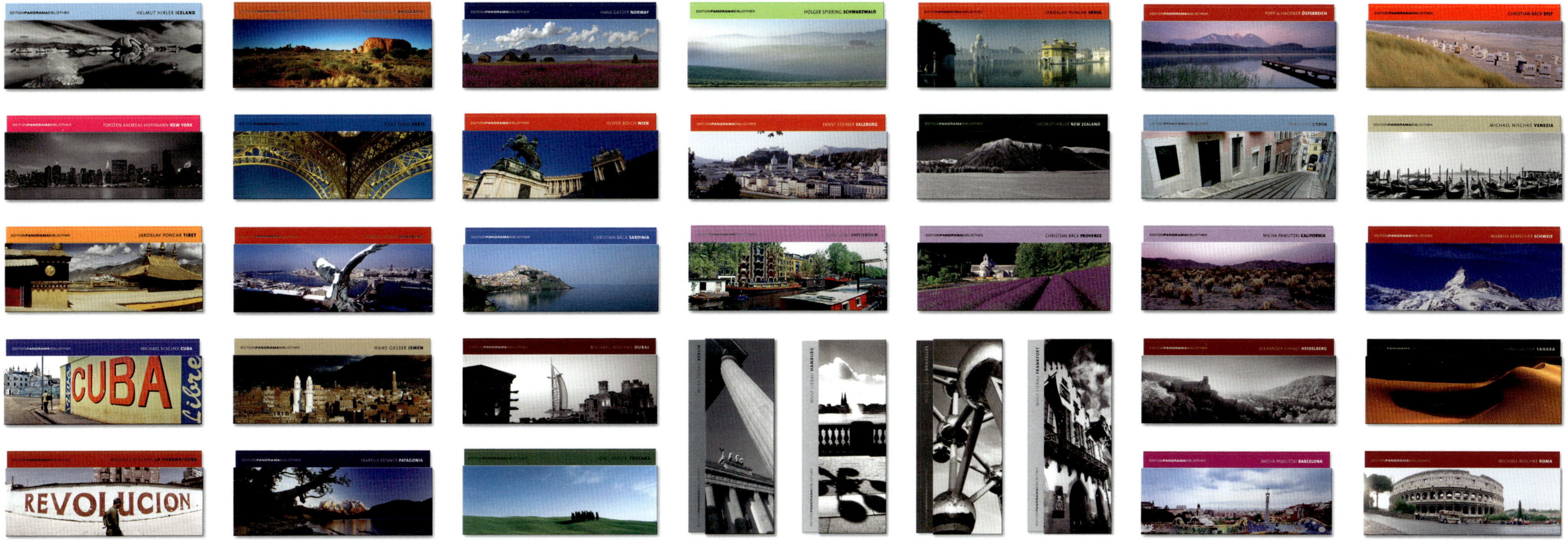

Iceland 978-3-89823-189-5
New York 978-3-89823-392-7
Tibet 978-3-89823-197-8
Cuba 978-3-89823-355-2
La Habana, Cuba 978-3-89823-179-4

Australia 978-3-89823-284-5
Paris 978-3-89823-239-5
Budapest 978-3-89823-280-7
Jemen 978-3-89823-278-4
Patagonia 978-3-89823-360-6

Norway 978-3-89823-393-4
Wien 978-3-89823-380-4
Sardinia 978-3-89823-432-0
Dubai 978-3-89823-279-1
Toscana 978-3-89823-198-5

Schwarzwald 978-3-89823-395-8
Salzburg 978-3-89823-394-1
Amsterdam 978-3-89823-353-8
Berlin 978-3-89823-168-8
Hamburg 978-3-89823-283-8

India 978-3-89823-237-1
New Zealand 978-3-89823-359-0
Provence 978-3-89823-409-2
Bruxelles 978-3-89823-354-5
Frankfurt 978-3-89823-390-3

Österreich 978-3-89823-381-1
Lisboa 978-3-89823-358-3
California 978-3-89823-389-7
Heidelberg 978-3-89823-356-9
Barcelona 978-3-89823-410-8

Sylt 978-3-89823-363-7
Venezia 978-3-89823-238-8
Schweiz 978-3-89823-362-0
Sahara 978-3-89823-183-1
Roma 978-3-89823-361-3

A production by Edition Panorama, Germany

EDITION PANORAMA GmbH
G7, 14
D-68159 Mannheim
T +49 (0)621 | 32 88 69 - 0
F +49 (0)621 | 32 88 69 - 20
info@editionpanorama.de
www.editionpanorama.com

ISBN: 978-3-89823-431-3

Concept: Bernhard & Sebastian Wipfler
Design: Edition Panorama & Marcus Bela Schmitt
Editorial department: Dr. Christophe Klimmer, Wolfgang Roth
Translations: Global-Text, Heidelberg | Mark Woolfe, Jocelyne Abarca
Separations: EPS GmbH, Speyer
Printing: abcdruck GmbH, Heidelberg
Printed on Profimatt, produced by Sappi – exclusive by Igepagroup
Bookbinding: Josef Spinner Großbuchbinderei GmbH, Ottersweier
Covermaterial: "Imperial" Book Cloth, BN International
Endpapers: "Freelife Merida Graphite" 140 g/m², Fedrigoni Group
Slipcase: Neudel Verpackungen GmbH, Neckarbischofsheim